Heinz Janisch (Hrsg.)

MorgenNatz und RingelStern

Gedichte von Christian Morgenstern
und Joachim Ringelnatz

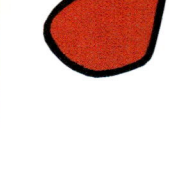

Mit Illustrationen von
Christine Sormann

ANNETTE BETZ

Knig und knag

Morgenstern und Ringelnatz,
ihr seid ein großer Schatz!
Beim Lesen, laut und leise,
geht man auf wunderbare Reise.

Die schwarzen Raben rufen kolk!
Man trifft die Fingur und ihr Volk,
drei Hasen tanzen im Mondschein,
der Schnecke wird ihr Haus zu klein.
Der Meter-Flieder-Fledermaus
laufen die Gedanken aus.
Ein schöner heller Bumerang
fliegt den Horizont entlang.
In jedem kleinen Zwischenraum
wächst ein großer Purzelbaum.

Morgennatz und Ringelstern,
ich hab euch gern!
Ich sag nur knig und knag,
das heißt, dass ich euch mag!

Heinz Janisch

6

Der Lattenzaun

Es war einmal ein Lattenzaun,
mit Zwischenraum, hindurchzuschaun.

Ein Architekt, der dieses sah,
stand eines Abends plötzlich da –

und nahm den Zwischenraum heraus
und baute draus ein großes Haus.

Der Zaun indessen stand ganz dumm,
mit Latten ohne was herum.

Ein Anblick grässlich und gemein.
Drum zog ihn der Senat auch ein.

Der Architekt jedoch entfloh
nach Afri- od- Ameriko.

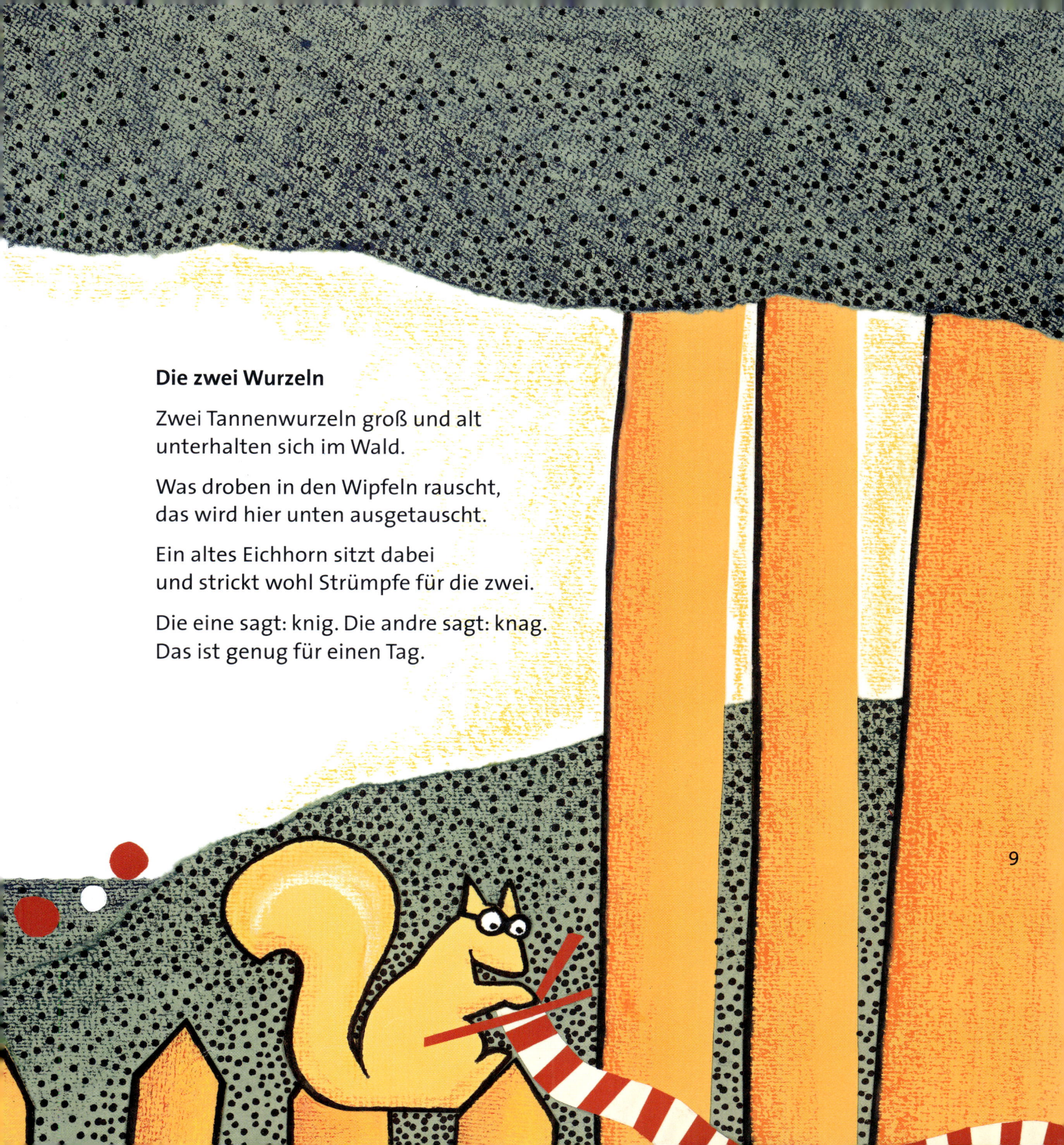

Die zwei Wurzeln

Zwei Tannenwurzeln groß und alt
unterhalten sich im Wald.

Was droben in den Wipfeln rauscht,
das wird hier unten ausgetauscht.

Ein altes Eichhorn sitzt dabei
und strickt wohl Strümpfe für die zwei.

Die eine sagt: knig. Die andre sagt: knag.
Das ist genug für einen Tag.

9

Das Häuschen an der Bahn

Steht ein Häuschen an der Bahn,
hoch auf grünem Hügelplan.

Tag und Nacht, in schnellem Flug,
braust vorüber Zug um Zug.

Jedes Mal bei dem Gebraus
zittert leis das kleine Haus:

»Wen verlässt, wen sucht auf
euer nimmermüder Lauf?«

»O nehmt mit, o bestellt
Grüße an die weite Welt!«

Rauch, Gestampf, Geroll, Geschrill ...
Alles wieder totenstill.

Tag und Nacht dröhnt das Gleis.
Einsam Häuschen zittert leis.

Arm Kräutchen

Ein Sauerampfer auf dem Damm
stand zwischen Bahngeleisen,
machte vor jedem D-Zug stramm,
sah viele Menschen reisen.

Und stand verstaubt und schluckte Qualm,
schwindsüchtig und verloren,
ein armes Kraut, ein schwacher Halm,
mit Augen, Herz und Ohren.

Sah Züge schwinden, Züge nahn.
Der arme Sauerampfer
sah Eisenbahn um Eisenbahn,
sah niemals einen Dampfer.

Übergewicht

Es stand nach einem Schiffsuntergange
eine Briefwaage auf dem Meeresgrund.
Ein Walfisch betrachtete sie bange,
beroch sie dann lange,
hielt sie für ungesund,
ließ alle Achtung und Luft aus dem Leibe,
senkte sich auf die Wiegescheibe
und sah – nach unten schielend – verwundert:
Die Waage zeigte über Hundert.

12

13

Der Globus

»Wo sitzt«, so frug der Globus leise
und naseweis die weise, weiße,
unübersehbar weite Wand,
»Wo sitzt bei uns wohl der Verstand?«

Die Wand besann sich eine Weile,
sprach dann: »Bei dir – im Hinterteile!«

Nun dreht seitdem der Globus leise
sich um und um herum im Kreise –
als wie am Bratenspieß ein Huhn,
und wie auch wir das schließlich tun –
Dreht stetig sich und sucht derweil
sein Hinterteil, sein Hinterteil.

14

15

Der Schaukelstuhl auf der verlassenen Terrasse

Ich bin ein einsamer Schaukelstuhl
und wackel im Winde,
    im Winde.

Auf der Terrasse, da ist es kuhl,
und ich wackel im Winde,
    im Winde.

Und ich wackel und nackel den ganzen Tag.
Und es nackelt und rackelt die Linde.
Wer weiß, was sonst wohl noch wackeln mag
im Winde,
   im Winde,
    im Winde.

16

Das Hemmed

Kennst du das einsame Hemmed?
Flattertata, flattertata.

Ders trug, ist bass verdämmet!
Flattertata, flattertata.

Es knattert und rattert im Winde.
Windurudei, windurudei.

Es weint wie ein kleines Kinde.
Windurudei, windurudei.

Das ist das einsame
Hemmed.

Es war eine lustige Wendeltreppe.
Dann kam eine ernste würdige Schleppe
und hat gerauscht und hat sich gebläht
und sprach: »Ich bin eine Majestät.«
Da lachte die Wendeltreppe munter
und warf die Schleppe acht Stufen hinunter.

18

19

Ein Schutzmann wurde plötzlich krank
und setzte sich auf eine Bank.
Dort saß bereits ein Stachelschwein.
Der Schutzmann setzte sich hinein.
Da schrie er: »Au!« und schrie er: »Oh!«
und kratzte sich an dem Po-lizeihelm.

Möwenlied

Die Möwen sehen alle aus,
als ob sie Emma hießen.
Sie tragen einen weißen Flaus
und sind mit Schrot zu schießen.

Ich schieße keine Möwe tot,
ich lass sie lieber leben –
und füttre sie mit Roggenbrot
und rötlichen Zibeben.

O Mensch, du wirst nie nebenbei
der Möwe Flug erreichen.
Wofern du Emma heißest, sei
zufrieden, ihr zu gleichen.

OCHSENSPATZ und EULENWURM

Vice versa

Ein Hase sitzt auf einer Wiese,
des Glaubens, niemand sähe diese.

Doch, im Besitze eines Zeisses,
betrachtet voll gehaltnen Fleißes

vom vis-a-vis gelegnen Berg
ein Mensch den kleinen Löffelzwerg.

Ihn aber blickt hinwiederum
ein Gott von fern an, mild und stumm.

Das Perlhuhn

Das Perlhuhn zählt: Eins, zwei, drei, vier ...
Was zählt es wohl, das gute Tier,
dort unter den dunklen Erlen?

Es zählt, von Wissensdrang gejückt,
(die es sowohl wie uns entzückt)
die Anzahl seiner Perlen.

Die Ameisen

In Hamburg lebten zwei Ameisen,
die wollten nach Australien reisen.
Bei Altona auf der Chaussee,
da taten ihnen die Beine weh,
und da verzichteten sie weise
denn auf den letzten Rest der Reise.

So will man oft und kann doch nicht
und leistet dann recht gern Verzicht.

Die Feder

Ein Federchen flog über Land;
ein Nilpferd schlummerte im Sand.

Die Feder sprach: »Ich will es wecken!«
Sie liebte, andere zu necken.

Aufs Nilpferd setzte sich die Feder
und streichelte sein dickes Leder.

Das Nilpferd öffnete den Rachen
und musste ungeheuer lachen.

Die drei Spatzen

In einem leeren Haselstrauch,
da sitzen drei Spatzen, Bauch an Bauch.

Der Erich rechts und links der Franz
und mitten drin der freche Hans.

Sie haben die Augen zu, ganz zu,
und obendrüber, da schneit es, hu!

Sie rücken zusammen dicht an dicht.
So warm wie der Hans hats niemand nicht.

Sie hören alle drei ihrer Herzlein Gepoch,
und wenn sie nicht weg sind, so sitzen sie noch.

26

Drei Hasen

Drei Hasen tanzen im Mondschein
im Wiesenwinkel am See:
Der eine ist ein Löwe,
der andre eine Möwe,
der dritte ist ein Reh.

Wer fragt, der ist gerichtet,
hier wird nicht kommentiert,
hier wird an sich gedichtet;
doch fühlst du dich verpflichtet,
erheb sie ins Geviert,
und füge dazu den Purzel
von einem Purzelbaum,
und zieh aus dem Ganzen die Wurzel
und träum den Extrakt als Traum.

Dann wirst du die Hasen sehen
im Wiesenwinkel am See,
wie sie auf silbernen Zehen
im Mond sich wunderlich drehen
als Löwe, Möwe und Reh.

27

**Neue Bildungen,
der Natur vorgeschlagen**

Der Ochsenspatz
Die Kamelente
Der Regenlöwe
Die Turtelunke
Die Schoßeule

Der Walfischvogel
Die Quallenwanze
Der Gürtelstier
Der Pfauenochs
Der Werfuchs

Die Tagtigall
Der Sägeschwan
Der Süßwassermops
Der Weinpintscher
Das Sturmspiel

Der Eulenwurm
Der Giraffenigel
Das Rhinozepony
Die Gänseschmalzblume
Der Menschenbrotbaum.

Der Glockenwurm

Der Glockenwurm,
der Glockenwurm
geht um im Turm
beim Neumondsturm.
Es klopft
und tropft –
und rotbezopft
Sophie dem Wurm
die Strümpfe stopft.

Der Glockenwurm,
der Glockenwurm
geht um im Turm
beim Neumondsturm.

30

Die beiden Esel

Ein finstrer Esel sprach einmal
zu seinem ehlichen Gemahl:

»Ich bin so dumm, du bist so dumm,
wir wollen sterben gehen, kumm!«

Doch wie es kommt so öfter eben:
Die beiden blieben fröhlich leben.

Volkslied

Wenn ich zwei Vöglein wär
und auch vier Flügel hätt,
flög die eine Hälfte zu dir.
Und die andere, die ging auch zu Bett,
aber hier zu Haus bei mir.

Wenn ich einen Flügel hätt
und gar kein Vöglein wär,
verkaufte ich ihn dir
und kaufte mir dafür ein Klavier.

Die Guh gibt Milch und stammt aus Leipzig.
Wer zu viel Milch trinkt, der bekneipt sich.

Der Ochse gibt statt Milch: Spinat.
Er spielt am Nachmittage Skat.

33

Kniehang

Ich wollte, ich wär eine Fledermaus,
eine ganz verluschte, verlauste,
dann hing ich mich früh in ein Warenhaus
und flederte nachts und mauste,
dass es Herrn Silberstein grauste.
Denn Meterflaus, Fliedermus, Fledermaus –
(Es geht nicht mehr; mein Verstand läuft aus).

34

Gespräch einer Hausschnecke

Soll i aus meim Hause raus?
Soll i aus meim Hause nit raus?
Einen Schritt raus?
Lieber nit raus?
Hausenitraus –
Hauseraus

Hausenitraus
Hausenaus
Rauserauserauserause ...

Die Vogelscheuche

Die Raben rufen: »Krah, krah, krah!
Wer steht denn da, wer steht denn da?
Wir fürchten uns nicht, wir fürchten uns nicht
vor dir mit deinem Brillengesicht.

Wir wissen ja ganz genau,
du bist nicht Mann, du bist nicht Frau.
Du kannst ja nicht zwei Schritte gehn
und bleibst bei Wind und Wetter stehn.

Du bist ja nur ein bloßer Stock,
mit Stiefeln, Hosen, Hut und Rock.
Krah, krah, krah!«

36

Wimm

Bamm

Bumm

Wie sich das Galgenkind die Monatsnamen merkt

Jaguar

1

Zebra

2

Nerz

Mandrill

4

Maikäfer

5

Pony

6

Muli

7

Auerochs

8

Wespenbär

9

Robbenbär

Zehenbär

1.

Locktauber

10

11

**Ein Lied, das der berühmte Philosoph Haeckel
am 3. Juli 1911 vormittags
auf einer Gartenpromenade vor sich hinsang.
(Von einem Ohrenzeugen)**

Wimm Bammbumm
Wimm Bamm Bumm
Wimmbamm Bumm

Wimmbamm Bumm
Wimm Bammbumm
Wimm Bamm Bumm

Wimm Bamm Bumm
Wimmbamm Bumm
Wimm Bammbumm.

39

Die Fingur

Es lacht die Nachtalp-Henne,
es weint die Windhorn-Gans,
es bläst der schwarze Senne
zum Tanz.

Ein Uhu-Tauber turtelt
nach seiner Uhuin.
Ein kleiner Sechs-Elf hurtelt
von Busch zu Busch dahin ...

Und Wiedergänger gehen,
und Raben rufen kolk,
und aus den Teichen sehen
die Fingur und ihr Volk ...

41

Das Nasobem

Auf seinen Nasen schreitet
einher das Nasobem,
von seinem Kind begleitet.
Es steht noch nicht im Brehm*.

Es steht noch nicht im Meyer
und auch im Brockhaus nicht.
Es trat aus meiner Leier
zum ersten Mal ans Licht.

Auf seinen Nasen schreitet
(wie schon gesagt) seitdem,
von seinem Kind begleitet,
einher das Nasobem.

42

* »Brehms Tierleben« ist ein Tierlexikon.

Der Schnupfen

Ein Schnupfen hockt auf der Terrasse,
auf dass er sich ein Opfer fasse

– und stürzt alsbald mit großem Grimm
auf einen Menschen namens Schrimm.

Paul Schrimm erwidert prompt: »Pitschü!«
und hat ihn drauf bis Montag früh.

43

Gruselett

Der Flügelflagel gaustert
durchs Wiruwaruwolz,
die rote Fingur plaustert,
und grausig gutzt der Golz.

Ich habe dich so lieb

Ich habe dich so lieb!
Ich würde dir ohne Bedenken
eine Kachel aus meinem Ofen
schenken.

Ich habe dir nichts getan.
Nun ist mir traurig zu Mut.
An den Hängen der Eisenbahn
leuchtet der Ginster so gut.

Vorbei – verjährt –
doch nimmer vergessen.
Ich reise.
Alles, was lange währt,
ist leise.

Die Zeit entstellt
alle Lebewesen.
Ein Hund bellt.
Er kann nicht lesen.
Er kann nicht schreiben.
Wir können nicht bleiben.

Ich lache.
Die Löcher sind die Hauptsache
an einem Sieb.

Ich habe dich so lieb.

46

Gedicht in Bi-Sprache

Ibich habibebi dibich,
Lobittebi, sobi liebib.
Habist aubich dubi mibich
liebib? Neibin, vebirgibib.

Nabih obidebir febirn,
Gobitt seibi dibir gubit.
Meibin Hebirz habit gebirn
abin dibir gebirubiht.

47

Das Simmaleins

Das ist das groß Simmaleia
Simmaleialu
lusammalei.

Der Stein ist ein,
der Brei ist zwei,
die Schlei ist drei,
der Stier ist vier.

Der Bünf ist fünf,
die Hex ist sechs,
was blieben ist sieben.

49

Bumerang

War einmal ein Bumerang;
war ein weniges zu lang.
Bumerang flog ein Stück,
aber kam nicht mehr zurück.
Publikum – noch stundenlang –
wartete auf Bumerang.

51

INHALT

Biografien — 4

Knig und knag, *Heinz Janisch* — 6

Flattertata Windurudei — 7

Der Lattenzaun, *Christian Morgenstern* — 8

Die zwei Wurzeln, *Christian Morgenstern* — 9

Das Häuschen an der Bahn, *Christian Morgenstern* — 10

Arm Kräutchen, *Joachim Ringelnatz* — 11

Übergewicht, *Joachim Ringelnatz* — 12

Der Globus, *Joachim Ringelnatz* — 14

Der Schaukelstuhl auf der verlassenen Terrasse, *Christian Morgenstern* — 16

Das Hemmed, *Christian Morgenstern* — 17

Es war eine lustige Wendeltreppe, *Joachim Ringelnatz* — 18

Ein Schutzmann wurde plötzlich krank, *Joachim Ringelnatz* — 19

Möwenlied, *Christian Morgenstern* — 20

Ochsenspatz und Eulenwurm — 21

Vice versa, *Christian Morgenstern* — 22

Das Perlhuhn, *Christian Morgenstern* — 23

Die Ameisen, *Joachim Ringelnatz* — 24

Die Feder, *Joachim Ringelnatz* — 25

Die drei Spatzen, *Christian Morgenstern* — 26

Drei Hasen, *Christian Morgenstern* — 27